SÜSS-KARTOFFELN

Voll im Trend – von One-Pot-Chili bis Streetfood-Toast

Autorin: Angelika Ilies | Fotos: Anke Schütz

DIE GU-QUALITÄTS-GARANTIE

Wir möchten Ihnen mit den Informationen und Anregungen in diesem Buch das Leben erleichtern und Sie inspirieren, Neues auszuprobieren. Bei jedem unserer Bücher achten wir auf Aktualität und stellen höchste Ansprüche an Inhalt, Optik und Ausstattung. Alle Rezepte und Informationen werden von unseren Autoren gewissenhaft erstellt und von unseren Redakteuren sorgfältig ausgewählt und mehrfach geprüft. Deshalb bieten wir Ihnen eine 100 %ige Qualitätsgarantie.

Darauf können Sie sich verlassen:
Wir legen Wert darauf, dass unsere Kochbücher zuverlässig und inspirierend zugleich sind.
Wir garantieren:

- dreifach getestete Rezepte
- sicheres Gelingen durch Schritt-für-Schritt-Anleitungen und viele nützliche Tipps
- eine authentische Rezept-Fotografie

Wir möchten für Sie immer besser werden:
Sollten wir mit diesem Buch Ihre Erwartungen nicht erfüllen, lassen Sie es uns bitte wissen! Wir tauschen Ihr Buch jederzeit gegen ein gleichwertiges zum gleichen oder ähnlichen Thema um. Nehmen Sie einfach Kontakt zu unserem Leserservice auf. Die Kontaktdaten unseres Leserservice finden Sie am Ende dieses Buches.

GRÄFE UND UNZER VERLAG
Der erste Ratgeberverlag – seit 1722.

INHALT

TIPPS UND EXTRAS

6 SNACKS & BEILAGEN

COVER-REZEPT

16 SALATE & ROHKOST

30 STREETFOOD

46 ONE POT, BOWLS & MEHR

Das grüne Blatt bei den Rezepten heißt fleischloser Genuss:
Mit diesem Symbol sind alle vegetarischen Gerichte gekennzeichnet.

VIELSEITIG, GESUND & LECKER

Lange waren Süßkartoffeln kaum beachtete Exoten. Heute gelten sie als Superfood und bereichern mit ihrem fein-süßlichen Geschmack unser Küchen-Repertoire.

Fake-News sind ja in aller Munde, und da passt die Süßkartoffel ganz gut hinein. Ihr Name führt uns ein wenig in die Irre, die Süßkartoffel – auch Batate genannt – ist nämlich nur sehr entfernt verwandt mit unserer altbekannten Kartoffel. Zwar stammen beide aus Amerika, unsere braunen Knollen jedoch gehören zu den Nachtschattengewächsen, die Süßkartoffeln hingegen zu den Windengewächsen. Aber der Name verrät auch etwas Wahres: Süßkartoffeln schmecken in der Tat süß.

INTERNATIONAL BEGEHRT

Wie bei so vielen Dingen, begann auch der Siegeszug der Süßkartoffel in Amerika. Wagemutige Seefahrer brachten sie nach Europa und Asien, freigelassene Sklaven nahmen die Knollen mit nach Afrika. Längst werden Süßkartoffeln in vielen Regionen der Erde angebaut. Ausreichend Wärme vorausgesetzt, sind sie relativ anspruchslos und können das ganze Jahr über geerntet werden. Hauptproduzent ist heutzutage mit großem Abstand China, nennenswerte Mengen kommen z. B. aus Nigeria und den USA, aber auch in Südeuropa wachsen die tollen Knollen.

KLEINE SORTENKUNDE

Der größte Teil der bei uns angebotenen Süßkartoffeln hat eine braune Schale und versteckt darunter leuchtend orangefarbenes Fruchtfleisch. Weltweit haben Sorten mit weißlichem Fleisch und roter Schale deutlich die Nase vorn. Generell kann die Schale braun, orange-braun oder auch rot aussehen, das Fleisch darunter fast weißlich ebenso wie gelblich oder orange sein, und manchmal kommt es sogar leuchtend lila daher. Inzwischen findet man in großen Supermärkten auch öfters mal weiße oder lila Süßkartoffeln. Die weißen Sorten sind eher mehlig, die lilafarbenen liegen geschmacklich zwischen den weißen und den süßen orangefarbenen, sie setzen vor allem durch die Farbe tolle Akzente. Interessant: Je heller das Fruchtfleisch, desto fester und trockener ist es.

GESUNDHEITS-PLUS

Der Hype um sogenanntes Superfood klingt ja allmählich wieder ab, aber super sind Süßkartoffeln ganz sicher trotzdem. Im Fruchtfleisch der bei uns überwiegend angebotenen orangefleischigen Sorten stecken vor allem reichlich Betacarotin (Provitamin A), Vitamin C und Vitamin E – das hilft unserem Immunsystem ebenso wie dem Zellwachstum; Antioxidantien schützen unsere Zellen vor freien Radikalen. Da zudem viele Ballaststoffe enthalten sind – etwa 50 Prozent mehr als in unseren gewohnten Kartoffeln – machen Bataten lange satt. Es gibt noch weitere Pluspunkte: Süßkartoffeln sind glutenfrei und auch für Diabetiker geeignet. Allerdings deutet bereits der Name auf einen recht hohen Zuckergehalt hin – in 100 Gramm stecken ca. 4 Gramm davon. Bei den Kalorien sind sich die einschlägigen Quellen uneinig – manche reden von 86 Kilokalorien je 100 Gramm, andere von 114. Zum Vergleich: 100 Gramm Kartoffeln enthalten 77 Kilokalorien. Übrigens: Je leuchtender das orange Fruchtfleisch ist, desto mehr Betacarotin steckt in den Süßkartoffeln und desto süßer schmecken sie.

VIELSEITIGKEIT IST TRUMPF

Fast alle Gerichte, die Sie mit Kartoffeln zubereiten, gelingen ebenso mit Süßkartoffeln. Ob gekocht, gebraten, gebacken oder gedämpft, als Salzkartoffeln, Püree oder Pommes – alles ist einen Versuch wert. Ein weiteres Plus bieten Süßkartoffeln gegenüber herkömmlichen: Rohkost – ja bitte! Anders als unsere gewohnten Knollen enthalten sie kein unbekömmliches Solanin, das durch Kochen unschädlich gemacht werden muss. Lediglich Kleinkinder und Kranke sollten auf rohe Süßkartoffeln verzichten, denn es können geringe Mengen an Blausäure darin stecken.

DIE RICHTIGE AUFBEWAHRUNG

Unter optimalen Bedingungen lassen sich die Knollen lange lagern. Einmal nach Hause getragen, ist die Haltbarkeit wegen des hohen Wassergehalts alledings begrenzt. Am besten bewahrt man sie in dunklen, kühlen und trockenen Räumen nicht unter fünf Grad auf. Aber auch im Kühlschrank können sie 2–3 Wochen auf ihren Auftritt warten.

SNACKS & BEILAGEN

Sie sind total angesagt und in jeder Burger-Bar auf der Karte: Sweet Potatoe Fries. Doch die Knollen können weit mehr als Fritten. Mit Parmesan getoppt als Wedges, cremig als Mash, italienisch als Gnocchi oder heimisch als Bratkartoffeln. Finden Sie Ihre Favoriten unter den kleinen Gerichten, die sich perfekt zum Kennenlernen von Süßkartoffeln eignen.

SWEET POTATO FRIES

2 große Süßkartoffeln (je ca. 400 g) | 1 l Frittieröl | 2 TL geräuchertes Paprikapulver | Salz | edelsüßes Paprikapulver

Zu Gegrilltem und Burgern

Für 4 Personen | 20 Min. Zubereitungszeit
Pro Portion ca. 275 kcal, 3 g E, 12 g F, 39 g KH

1 Die Süßkartoffeln waschen und gründlich abbürsten oder schälen, dann der Länge nach in ca. 1 cm dicke Pommes-Stifte schneiden. Das Öl zum Frittieren in einem großen Topf oder einer Fritteuse erhitzen.

2 Die Pommes im heißen Öl portionsweise 3–5 Min. frittieren, bis sie knusprig und goldbraun geworden sind. Achtung – sie sind schneller gar und verbrennen schneller als Pommes aus unseren gewohnten Kartoffeln. Die Sweet Potato Fries mit dem Schaumlöffel herausheben und auf Küchenpapier entfetten. Mit einer Mischung aus Salz und Paprikapulver bestreuen und als Snack oder Beilage genießen.

VARIANTE POMMES AUS DEM OFEN

Den Backofen auf 225° vorheizen. Die Süßkartoffeln wie beschrieben waschen, abbürsten oder schälen und in pommesdicke Stifte schneiden. In etwas Öl wenden und dann auf einem Backblech verteilen. Im Backofen (Mitte) ca. 25 Min. backen. Herausnehmen und mit Salz und edelsüßem oder rosenscharfem Paprikapulver nach Geschmack würzen. Ober- und Unterhitze eignet sich für dieses Rezept übrigens besser als Umluft, die Pommes werden krosser und bräunen gleichmäßiger.

SÜSSKARTOFFEL-MASH

800 g Süßkartoffeln | Salz | ½ Bund Schnittlauch | 80 g Sahne zum Kochen | 2 EL Butter | 1 EL Apfeldicksaft | frisch geriebene Muskatnuss

Begleiter für saftige Braten

Für 4 Personen | 30 Min. Zubereitungszeit
Pro Portion ca. 275 kcal, 3 g E, 11 g F, 41 g KH

1 Die Süßkartoffeln schälen und in 2–3 cm große Würfel schneiden. In einem Topf in wenig Salzwasser in ca. 15 Min. sehr weich garen. Den Schnittlauch waschen, trocken schütteln und in Röllchen schneiden.

2 Die Süßkartoffelwürfel in ein Sieb abgießen und gut abtropfen lassen, zurück in den Topf geben und mit einem Kartoffelstampfer zerdrücken. Die Sahne, die Butter und den Apfeldicksaft dazugeben und untermischen. Den Stampf mit Salz und Muskatnuss abschmecken und mit Schnittlauchröllchen bestreut servieren.

TIPP

Weniger süßlich wird das Püree, wenn je zur Hälfte Süßkartoffeln und unsere gewohnten hellen Knollen in den Topf kommen. Die Garzeit dann verlängern, damit alle Knollen gar werden. Lecker sind auch Kombinationen aus Süßkartoffeln und Wurzelgemüse wie Pastinaken, Möhren oder Petersilienwurzeln. Wer Fett sparen möchte, lässt die Butter weg oder ersetzt sie durch etwas Joghurt; statt Sahne kann auch Milch unter das Püree gerührt werden. Für Abwechslung sorgen Zutaten wie gehackte Kräuter, Sesamsamen, geröstete Erdnüsse oder Cashewkerne, ausgebratene Speckwürfelchen, gehackte Oliven – einfach mal ausprobieren!

THYMIAN-GNOCCHI

Wenn Sie Gäste überraschen möchten, sind die Thymian-Gnocchi als Beilage genau richtig. Wunderbar leicht, schnell zubereitet und garantiert ebenso schnell aufgegessen.

400 g Süßkartoffeln
Salz
1 Ei
1 TL getrockneter Thymian
Pfeffer
frisch geriebene Muskatnuss
ca. 300 g Mehl
2 EL Butter zum Schwenken (nach Belieben)

Beilage oder Basis für mehr

Für 4 Personen | 45 Min. Zubereitungszeit
Pro Portion ca. 360 kcal, 11 g E, 3 g F, 73 g KH

1 Die Süßkartoffeln schälen, in ca. 2 cm große Würfel schneiden und zugedeckt in wenig leicht gesalzenem Wasser in 12–15 Min. weich garen. Das Wasser abgießen und die Süßkartoffeln im Topf mit einem Kartoffelstampfer zerdrücken. Etwas abkühlen lassen.

2 Das Ei, den Thymian, Pfeffer und Muskatnuss unterrühren, dann nach und nach den Großteil des Mehls. Der Teig soll nicht mehr stark kleben, darf aber auch nicht zu trocken und fest sein.

3 Den Teig in vier Portionen teilen (Bild 1) und auf der gut bemehlten Arbeitsfläche zu gut daumendicken Rollen formen. Die Rollen mit einem bemehlten Messer in ca. 3 cm breite Stücke schneiden und diese mit einer bemehlten Gabel leicht eindrücken, um die typischen Gnocchi-Rillen zu erhalten (Bild 2).

4 Reichlich Salzwasser in einem breiten Topf aufkochen. Etwa die Hälfte der Gnocchi hineingeben und ca. 5 Min. in leicht siedendem Wasser köcheln lassen, bis sie oben schwimmen. Mit einer Schaumkelle herausheben (Bild 3) und abtropfen lassen. Die restlichen Gnocchi ebenso garen, herausheben und abtropfen lassen. Nach Belieben die Butter in einer Pfanne zerlassen und die Gnocchi kurz darin schwenken.

TIPP **Ich serviere die Gnocchi auch mal als Hauptgericht mit einer Käsesauce. Dafür 1 EL Butter in einem Topf aufschäumen, 1 TL Mehl einstreuen und anschwitzen, mit 125 ml Gemüsebrühe ablöschen. Je 100 g Sahne und Frischkäse oder Edelpilzkäse einrühren und die Sauce cremig einkochen. Mit Salz und Pfeffer abschmecken, nach Belieben Frühlingszwiebelringe und gehackte Petersilie unterrühren.**

1

2

3

BRATKARTOFFELN MIT SPECK

800 g dünne Süßkartoffeln | 1 Zwiebel | 100 g Frühstücksspeck in dünnen Scheiben | Salz | Pfeffer

Klassisches auf neue Art

Für 4 Personen | 30 Min. Zubereitungszeit
Pro Portion ca. 255 kcal, 6 g E, 8 g F, 39 g KH

1 Die Süßkartoffeln waschen und gründlich abbürsten oder schälen und in ca. 5 mm dicke Scheiben schneiden. Die Zwiebel schälen und klein würfeln. Den Frühstücksspeck in schmale Streifen schneiden, in eine breite beschichtete Pfanne geben und bei mittlerer Hitze knusprig ausbraten. Den Speck aus der Pfanne nehmen, dabei das ausgebratene Fett in der Pfanne belassen.

2 Die Süßkartoffelscheiben und die Zwiebelwürfel in der Pfanne verteilen und bei mittlerer Hitze in ca. 15 Min. knusprig braten. Zwischendurch mehrmals vorsichtig wenden. Gegen Ende den Speck wieder dazugeben. Die Bratkartoffeln mit Salz und Pfeffer würzen und servieren.

TIPP

Wenn ich nur dicke Süßkartoffeln bekomme, schneide ich sie ebenfalls in 5 mm dicke Scheiben und viertele diese dann. Oder ich schneide die Knollen in 1–2 cm große Würfel und brate sie wie oben beschrieben. Da Süßkartoffeln schneller gar und damit weich werden, ist beim Wenden in der Pfanne ein bisschen Vorsicht angesagt. Sonst kann es passieren, dass Sie die Stücke zu einem Brei verrühren. Ich nehme einen Pfannenwender, keinesfalls einen Kochlöffel. Und beginne erst mit dem Wenden, wenn sich auf der Unterseite der Süßkartoffeln eine Kruste gebildet hat.

KRÄUTER-RÖSTKARTOFFELN

800 g dünne Süßkartoffeln | 4 Zwiebeln | 3 Zweige Rosmarin | 6 Zweige Thymian | 5 EL Olivenöl | Salz | Pfeffer | ½ TL Chiliflocken | 2 Knoblauchzehen

Mediterranes aus dem Ofen

Für 4 Personen | 15 Min. Zubereitungszeit | 35 Min. Backzeit
Pro Portion ca. 300 kcal, 3 g E, 14 g F, 41 g KH

1 Den Backofen auf 200° vorheizen. Die Süßkartoffeln waschen und gründlich abbürsten oder schälen und dann in 3–4 cm dicke Scheiben schneiden. Die Zwiebeln schälen und in Spalten schneiden.

2 Den Rosmarin und den Thymian waschen und trocken schütteln. Die Nadeln bzw. Blättchen von den Stielen zupfen und hacken. Die gehackten Kräuter in einer großen Schüssel mit dem Olivenöl, Salz, Pfeffer und den Chiliflocken verrühren. Den Knoblauch schälen und dazupressen.

3 Die Süßkartoffelscheiben und die Zwiebelspalten rundherum in dem Kräuteröl wenden und in eine große ofenfeste Form oder auf ein Backblech geben. Im Ofen (Mitte) 30–35 Min. backen, bis die Kartoffeln gar sind.

TIPP

Die Röstkartoffeln sind ideale Begleiter für saftige Steaks oder für geröstetes Gemüse, das Sie sogar gleich mit im heißen Ofen garen können. Gut passen beispielsweise Zucchini und Paprikaschoten. Bei mir gibt es die Röstkartoffeln auch oft als kleines Abendessen, zusammen mit einem fix angerührten Dip aus Quark, geraspelter Gurke und Olivenöl.

PARMESAN-WEDGES

800 g längliche Süßkartoffeln | 4 EL Olivenöl | 1 EL edelsüßes Paprikapulver | Salz | Pfeffer | 1 Knoblauchzehe | 60 g Parmesan

Trendy & kindgerecht

Für 4 Personen | 10 Min. Zubereitungszeit | 18 Min. Backzeit
Pro Portion ca. 320 kcal, 8 g E, 15 g F, 39 g KH

1 Den Backofen auf 225° vorheizen. Die Süßkartoffeln waschen und gründlich abbürsten oder schälen und der Länge nach in Wedges schneiden. In einer Schüssel das Olivenöl mit dem Paprikapulver, Salz und Pfeffer verrühren, den Knoblauch schälen und dazupressen.

2 Die Wedges rundherum in dem gewürzten Öl wenden und auf einem Backblech verteilen. Den Parmesan reiben und darüberstreuen. Die Parmesan-Wedges im Ofen (Mitte) 15–18 Min. backen. Nach Belieben zum Schluss kurz den Grill dazuschalten und die Wedges ein wenig bräunen.

TIPP

Ich serviere die Wedges gerne als Beilage zu Steaks oder Burgern, immer sind sie ganz schnell aufgegessen! Wenn Sie die Süßkartoffeln in dünnere Pommes schneiden, reduziert sich die Backzeit; am besten, Sie machen nach 10 Minuten eine erste Garprobe mit einem Spieß. Die Wedges können durch immer wieder andere Gewürze im Nu abgewandelt werden. Anstelle von edelsüßem Paprikapulver passen auch Currypulver, Fünf-Gewürze-Pulver, Ras el Hanout (arabische Gewürzmischung) oder Pul Biber, die türkischen Chiliflocken. Passen Sie die Würze doch einfach dem Gericht an, zu dem Sie die Wedges servieren.

GLASIERTE SÜSSKARTOFFELN

800 g längliche Süßkartoffeln | Salz |
100 g brauner Zucker | 6 EL Orangensaft |
50 g Butter + Butter für die Form | Pfeffer

Klassiker aus Neuengland

Für 4 Personen | 45 Min. Zubereitungszeit |
20 Min. Backzeit
Pro Portion ca. 390 kcal, 3 g E, 13 g F, 64 g KH

1 Die Süßkartoffeln waschen und in einem Topf in leicht gesalzenem Wasser zugedeckt je nach Größe in 15–20 Min. gerade eben garen. Abgießen, etwas abkühlen lassen und pellen.

2 Den Backofen auf 175° vorheizen und eine ofenfeste Form mit Butter einfetten. Die Süßkartoffeln in 1–2 cm dicke Scheiben schneiden und dachziegelartig in der vorbereiteten Form auslegen.

3 Den Zucker und den Orangensaft in einem Topf bei kleiner Hitze unter gelegentlichem Rühren erwärmen, bis der Zucker geschmolzen ist. Die Butter unterrühren und ebenfalls zerlassen. Den Sirup gleichmäßig über die Kartoffelscheiben in der Form träufeln, die Kartoffeln mit etwas Pfeffer würzen und im Ofen (Mitte) ca. 20 Min. backen.

TIPP

In Amerika sind die glasierten Süßkartoffeln neben einer süßsäuerlichen Cranberry-Sauce die typische Beilage zum Truthahn an Thanksgiving. Ich serviere sie gerne zum heimischen Schäufele oder zum Sauerbraten. Aber auch zu gebratenen Putenschnitzeln oder zu einem Salat mit gebratenen Hähnchenstreifen und Pilzen schmecken sie wunderbar.

SALATE & ROHKOST

Wie vielseitig Süßkartoffeln wirklich sind, beweisen sie in diesem Kapitel am allerbesten. Roh und in hauchdünnen Scheiben überraschen sie als Carpaccio. Ebenfalls roh, aber auch gekocht oder gebraten sorgen sie in bunten Salaten für Farbe und Geschmack gleichermaßen, und als Creme verleihen sie Toast eine ganz besondere Note. Ausprobieren ist total angesagt.

SÜSSKARTOFFEL-CARPACCIO

2 längliche Süßkartoffeln (à ca. 200 g) | 3 EL Aceto balsamico bianco | 2 EL Himbeeressig | Salz | Pfeffer | 1 TL süßer Senf | 1 EL Agavendicksaft | 3 EL Olivenöl | 3 EL Walnussöl | 1 Bund Schnittlauch | 40 g Walnusskerne | 200 g Ricotta

Veggie-Variante des Klassikers

Für 4 Personen | 20 Min. Zubereitungszeit
Pro Portion ca. 385 kcal, 7 g E, 28 g F, 25 g KH

1 Die Süßkartoffeln schälen und in hauchdünne Scheiben schneiden oder hobeln. Die Scheiben überlappend auf vier Tellern auslegen.

2 Den Aceto balsamico mit dem Himbeeressig, Salz und Pfeffer sowie dem Senf und dem Agavendicksaft gründlich verrühren. Beide Ölsorten mit einem Schneebesen unterschlagen, bis das Dressing leicht cremig geworden ist. Das Dressing über die Süßkartoffelscheiben träufeln.

3 Den Schnittlauch waschen, trocken schütteln und in feine Röllchen schneiden. Die Walnusskerne etwas kleiner hacken. Jeweils ein Viertel vom Ricotta auf die Süßkartoffelscheiben klecksen und das Carpaccio mit den Schnittlauchröllchen und den Walnusskernen bestreuen.

TIPP

Ich serviere das Carpaccio gern als leichte Vorspeise bei einem größeren Menü, da es sich gut vorbereiten lässt. Die Kartoffeln schneide ich frühzeitig in Scheiben, packe sie dann aber bis zum Anrichten fest in Frischhaltefolie. Auch das Dressing bereite ich vor und schlage es vor dem Anrichten nur kurz wieder auf, damit es schön cremig ist.

RUCOLA-SÜSSKARTOFFEL-SALAT

500 g Süßkartoffeln | 2 EL Olivenöl | 50 g Sonnenblumenkerne | Salz | Pfeffer | ca. 80 g Rucola | 4 zarte Frühlingszwiebeln | 150 g griechischer Joghurt | 2 EL Mayonnaise | 1 Spritzer Zitronensaft

Schnelles für unterwegs

Für 4 Personen | 30 Min. Zubereitungszeit
Pro Portion ca. 350 kcal, 7 g E, 23 g F, 29 g KH

1 Den Backofen auf 200° vorheizen. Die Süßkartoffeln waschen und gründlich abbürsten oder schälen. In 2–3 cm große Würfel schneiden und in einer Schüssel mit dem Olivenöl, den Sonnenblumenkernen, Salz und Pfeffer vermischen. In eine ofenfeste Form geben und im Ofen (Mitte) in ca. 20 Min. bissfest garen.

2 Inzwischen den Rucola putzen, waschen, verlesen und ohne die dicken Stiele grob zerschneiden. Die Frühlingszwiebeln putzen, waschen und in feine Ringe schneiden.

3 In einer Salatschüssel den Joghurt mit der Mayonnaise, Salz, Pfeffer und etwas Zitronensaft verrühren. Die Süßkartoffeln aus dem Ofen nehmen und mit den Sonnenblumenkernen, dem Rucola und den Frühlingszwiebelringen im Dressing wenden. Den Rucola-Süßkartoffel-Salat mit Salz und Pfeffer abschmecken und servieren.

TIPP

Mir schmeckt der Salat lauwarm am besten, aber auch kalt ist er ein Genuss. Meine Tochter liebt Reste vom Vortag in ihrer Lunchbox.

COLE-SLAW MIT SÜSSKARTOFFELN

Ob als Beilage zum Grillfest oder saftige Begleitung für Bratwurst oder Schnitzel – mit diesem würzigen Salat liegen Sie immer richtig.

75 ml Weißweinessig
1 EL Zucker
1 EL Mehl
2 TL Senfpulver (ersatzweise 2 TL mittelscharfer Senf)
Salz
60 g Sahne
1 EL Butter
2 frische Eier
450 g Spitzkohl (300 g geputzt)
300 g Süßkartoffeln
Pfeffer
30 g Pecannusskerne

Amerikas Liebling ganz neu

Für 4 Personen | 30 Min. Zubereitungszeit | 2–3 Std. Marinierzeit
Pro Portion ca. 285 kcal, 8 g E, 17 g F, 25 g KH

1 Den Essig mit 50 ml Wasser, dem Zucker, dem Mehl, dem Senfpulver und ½ TL Salz in einem kleinen Topf gründlich verrühren. Die Mischung bei kleiner Hitze unter ständigem Rühren aufkochen lassen. Die Sahne und die Butter dazugeben und rühren, bis die Butter geschmolzen ist.

2 Die Eier in einer kleinen Schüssel mit einem Schneebesen gut verquirlen. 2–3 EL der heißen Flüssigkeit unter die Eier rühren, dann diese Mischung in den Topf gießen und unter ständigem Rühren langsam erhitzen, bis das Ganze dicklich wird. Die Sauce in eine Salatschüssel umfüllen.

3 Den Spitzkohl putzen, waschen und in sehr feine Streifen schneiden oder grob raspeln. Die Süßkartoffeln schälen, ebenfalls fein schneiden oder grob raspeln. Beides sofort unter die Sauce mengen. Den Cole-Slaw mit Salz und Pfeffer abschmecken und zugedeckt im Kühlschrank 2–3 Std. durchziehen lassen.

4 Die Pecannusskerne grob hacken. Den Salat noch einmal mit Salz und Pfeffer abschmecken und mit den gehackten Nüssen bestreut servieren.

TIPP **Verwenden Sie ganz frische Eier für dieses Salatdressing, und bewahren Sie den Salat bis zum Servieren im Kühlschrank auf. Wenn Sie den Salat für ein Büfett machen möchten, sollten Sie lieber auf die Eier verzichten und für das Dressing stattdessen 150–200 g Schmand oder Joghurt unter die Essigmischung rühren, der Salat schmeckt mit dem Alternativdressing genauso gut und kann problemlos ein paar Stunden im Warmen stehen.**

PETERSILIEN-ORANGEN-ROHKOST

2 Bio-Orangen | 2 EL Fruchtessig (z. B. Himbeer- oder Apfelessig) | 4 EL Olivenöl | 1 EL Ahornsirup | Salz | Pfeffer | 300 g Süßkartoffeln | 250 g Petersilienwurzeln | 4 Stängel Petersilie | 2 EL Kürbiskerne

Veganer Genuss

Für 4 Personen | 20 Min. Zubereitungszeit
Pro Portion ca. 250 kcal, 5 g E, 14 g F, 26 g KH

1 Die Orangen heiß waschen und abtrocknen, etwas Schale mit einem Juliennereißer abziehen. Die Früchte dann schälen und filetieren, den dabei austretenden Saft auffangen und in eine Salatschüssel geben. Den Essig, das Olivenöl und den Ahornsirup zum Orangensaft geben, alles mit einem Schneebesen verquirlen und mit Salz und Pfeffer würzen.

2 Die Süßkartoffeln und die Petersilienwurzeln schälen und grob raspeln, in dem Dressing wenden und die Mischung mit Salz und Pfeffer abschmecken. Die Rohkost auf vier Teller verteilen und die Orangenfilets darauf anrichten.

3 Die Petersilie waschen und trocken schütteln, die Blättchen abzupfen und zusammen mit den Kürbiskernen und den Orangenschalenstreifen auf die Rohkost streuen.

TIPP

Wenn ich keine Petersilienwurzeln bekomme, nehme ich ganz einfach Möhren für den Salat – die habe ich ohnehin fast immer im Kühlschrank. Dekorativer ist der Salat natürlich mit der Mischung aus orangefarbenen Süßkartoffeln und hellen Petersilienwurzeln.

THUNFISCH-SÜSSKARTOFFEL-SALAT

400 g Süßkartoffeln | 2 Dosen Thunfisch im eigenen Saft (Abtropfgewicht je ca. 140 g) | 2 rote Zwiebeln | 1 kleine Dose weiße Bohnenkerne (Abtropfgewicht ca. 250 g) | 3 EL Weißweinessig | 5 EL Olivenöl | Salz | Pfeffer | Chiliflocken | ½ Bund Petersilie | 1 EL Kapern (aus dem Glas)

Wirklich überraschend

Für 4 Personen | 20 Min. Zubereitungszeit
Pro Portion ca. 340 kcal, 22 g E, 15 g F, 27 g KH

1 Die Süßkartoffeln waschen und gründlich abbürsten oder schälen, dann grob raspeln und auf einer Servierplatte oder auf vier Tellern verteilen.

2 Den Thunfisch abtropfen lassen und grob zerpflücken. Die Zwiebeln schälen und in sehr dünne Spalten schneiden. Die weißen Bohnenkerne in ein Sieb abgießen und abtropfen lassen. Den Thunfisch, die Zwiebelspalten und die Bohnen auf dem Süßkartoffelbett verteilen.

3 Den Essig mit Olivenöl, Salz, Pfeffer und 1 Prise Chiliflocken verquirlen. Das Dressing kräftig abschmecken und über die Salatzutaten träufeln. Die Petersilie waschen, trocken schütteln und grob hacken. Den Salat mit der Petersilie und den Kapern bestreuen und servieren.

TIPP

Süßkartoffeln, Bohnenkerne und Zwiebeln vertragen sich nicht nur mit Thunfisch. Schneiden Sie stattdessen 200 g gekauften Schweinebraten in kleine Würfel. Auch Reste vom Sonntagsbraten passen wunderbar in diesen Salat.

FELDSALAT MIT HUMMUS-TOAST

Was haben Süßkartoffeln mit Hummus zu tun? Sie sorgen auf feine Art für Abwechslung im würzigen Dip, der in der Regel aus Kichererbsen zubereitet wird.

250 g Süßkartoffeln
Salz
2 EL Sesamsamen
1 TL Korianderkörner
1 kleine Knoblauchzehe
1 TL Zitronensaft
5 EL Olivenöl
Pfeffer
4 EL Weißweinessig
1 TL Senf
2 Handvoll Feldsalat
1 Dose Kichererbsen (Abtropfgewicht ca. 265 g)
4 Scheiben Vollkorn-Toastbrot

Gelingt ganz leicht

Für 4 Personen | 25 Min. Zubereitungszeit
Pro Portion ca. 330 kcal, 8 g E, 19 g F, 32 g KH

1 Die Süßkartoffeln schälen, in ca. 1,5 cm große Würfel schneiden und in einen Dämpfeinsatz geben. Über wenig kochendem Wasser mit fest aufliegendem Deckel ca. 10 Min. weich dämpfen. (Oder die Süßkartoffelwürfel in wenig Salzwasser in ca. 10 Min. weich garen.)

2 Inzwischen die Sesamsamen und die Korianderkörner in einer kleinen Pfanne ohne Fett rösten, bis sie angenehm duften. In eine Schüssel umfüllen. Den Knoblauch schälen und dazupressen.

3 Die weich gegarten Süßkartoffeln (beim Kochen in Wasser gut abtropfen lassen) zu den Gewürzen und dem Knoblauch geben, alles mit einem Löffel gut verrühren und die Kartoffeln dabei zu Püree verarbeiten. Mit dem Zitronensaft, 1 EL Olivenöl, Salz und Pfeffer abschmecken.

4 Den Essig mit Salz, Pfeffer und dem Senf verrühren, die übrigen 4 EL Olivenöl mit einem Schneebesen unterschlagen. Den Feldsalat putzen, waschen und gründlich trocken schütteln. Die Kichererbsen in ein Sieb gießen und abtropfen lassen. Den Feldsalat und die Kichererbsen auf Teller verteilen und mit dem Dressing beträufeln.

5 Die Toasts rösten, diagonal halbieren, mit dem Süßkartoffel-Hummus bestreichen und auf dem Salat anrichten.

TIPP **Die Süßkartoffelcreme ist auch ein toller Dip für gebratenes Gemüse oder Brot, etwa knusprige Grissini oder frische Laugenbrezeln. Bereiten Sie gleich die doppelte Menge zu, die Creme hält sich zugedeckt im Kühlschrank 3 Tage.**

RADICCHIOSALAT MIT SÜSSKARTOFFELN

700 g Süßkartoffeln | 3 EL Olivenöl | Salz | Pfeffer | 1 Kopf Radicchio | 2 Handvoll Feldsalat | 250 g Ricotta | 4 EL Walnussöl | 4 EL Crema di Balsamico | 60 g Walnusskerne

Herbstliche Star-Kombi

Für 4 Personen | 30 Min. Zubereitungszeit
Pro Portion ca. 545 kcal, 10 g E, 36 g F, 44 g KH

1 Die Süßkartoffeln waschen und gründlich abbürsten oder schälen, dann in 2 cm große Würfel schneiden. Das Olivenöl in einer breiten beschichteten Pfanne erhitzen. Die Süßkartoffelwürfel hineingeben und offen bei mittlerer Hitze 12–15 Min. unter gelegentlichem Wenden braten, bis sie gar, aber nicht zu weich sind. Gegen Ende der Garzeit mit Salz und Pfeffer würzen.

2 Inzwischen den Radicchio waschen, von Strunk und äußeren Blättern befreien und in Streifen schneiden. Den Feldsalat putzen, waschen und gründlich trocken schütteln. Beide Salate auf vier Teller verteilen und jeweils ein Viertel des Ricotta in mehreren Klecksen daraufgeben.

3 Die Süßkartoffelwürfel auf den Salatblättern anrichten, alles mit Salz und Pfeffer würzen und mit Walnussöl und Crema di Balsamico beträufeln. Die Walnusskerne grob hacken und daraufstreuen. Den Salat servieren.

TIPP

Statt Ricotta können Sie auch eine Mischung aus cremig gerührtem Frischkäse und Joghurt zum Salat servieren.

SALATHERZEN MIT HONIGDRESSING

200 g Süßkartoffeln | 4 EL Apfelessig | 1 EL süßer Senf | 2 EL flüssiger Honig | Salz | Pfeffer | 6 EL Olivenöl | 1 säuerlicher Apfel | 2 Römersalatherzen (je ca. 160 g) | 12 dünne Scheiben gebratenes Roastbeef

Unkompliziertes für Gäste

Für 4 Personen | 20 Min. Zubereitungszeit
Pro Portion ca. 290 kcal, 11 g E, 18 g F, 22 g KH

1 Die Süßkartoffeln schälen und in 0,5–1 cm große Würfel schneiden. In einen Dämpfeinsatz geben und über wenig kochendem Wasser mit fest aufliegendem Deckel 3–4 Min. dämpfen. (Oder die Süßkartoffeln in wenig Salzwasser in ca. 4 Min. sehr bissfest garen.)

2 Inzwischen in einer Salatschüssel den Apfelessig mit dem Senf, dem Honig, Salz und Pfeffer verrühren. Das Olivenöl dazugeben und das Dressing mit einem Schneebesen cremig aufschlagen.

3 Den Apfel waschen und gut abreiben, vierteln und entkernen. In 0,5–1 cm große Würfel oder in Spalten schneiden und sofort im Dressing wenden. Die Süßkartoffeln untermischen.

4 Von den Römersalatherzen die äußeren Blätter entfernen, den Strunk abschneiden. Die Herzen waschen und gut trocken schütteln, längs halbieren und auf Teller legen. Das Roastbeef darauf anrichten und das Dressing mit den Süßkartoffelwürfeln darüber verteilen.

TIPP

Natürlich schmeckt die Kombi auch mit klein geschnittenem Römersalat oder auch mit Feldsalat, die Optik ist dann eher traditionell.

HÄHNCHEN-SÜSSKARTOFFEL-SALAT

Die Kombi hat es in sich: knackige Bohnen, leuchtende Süßkartoffeln, würziges Hähnchen – und als Topping sorgen Erdnusskerne für Biss. Toll auch für die Lunchbox.

250 g zarte grüne Bohnen
600 g Süßkartoffeln
Salz
350 g Hähnchenbrustfilet
1 EL Öl
1 EL Kreuzkümmelsamen (ersatzweise Sesamsamen)
Pfeffer
1 Bund Basilikum
250 g Joghurt (3,5 % Fett)
60 g Mayonnaise
30 g Erdnusskerne (gesalzen und geröstet)

Echtes Soulfood

Für 4 Personen | 30 Min. Zubereitungszeit
Pro Portion ca. 505 kcal, 28 g E, 27 g F, 37 g KH

1 Die Bohnen putzen, waschen und schräg halbieren. Die Süßkartoffeln schälen und in 2–3 cm große Würfel schneiden. Beides zusammen in einem breiten Topf in wenig Salzwasser bei mittlerer Hitze zugedeckt in ca. 10 Min. bissfest garen.

2 Inzwischen das Hähnchenbrustfilet kalt abspülen, trocken tupfen und ca. 2 cm groß würfeln. Das Öl in einer beschichteten Pfanne erhitzen und die Hähnchenwürfel darin unter Rühren scharf anbraten. Die Kreuzkümmelsamen unterrühren, alles mit Salz und Pfeffer würzen und noch 2–3 Min. unter häufigem Rühren weiterbraten. Die Pfanne vom Herd nehmen.

3 Das Basilikum waschen, trocken schütteln und die Blätter – bis auf ein paar zum Garnieren – in Streifen schneiden. In eine Salatschüssel geben und mit dem Joghurt sowie der Mayonnaise verrühren, mit Salz und Pfeffer würzen.

4 Die Süßkartoffeln und die Bohnen in ein Sieb abgießen und gut abtropfen lassen. Mit dem gebratenen Hähnchenfleisch in die Salatschüssel geben und gut im Dressing wenden. Den Salat noch einmal mit Salz und Pfeffer abschmecken und mit den Erdnusskernen und dem Basilikum bestreut servieren.

TIPP **Der Salat lässt sich auch gut vegetarisch variieren: Statt mit Hähnchenbrustfilet schmeckt er auch wunderbar mit gebratenem Tofu. Nehmen Sie am besten Räuchertofu oder gewürzten Tofu, der in diversen Varianten erhältlich ist. Darin steckt deutlich mehr Aroma als in ungewürztem Natur-Tofu.**

STREETFOOD

Zwei Trends, die bestens zusammenpassen. Genau wie Süßkartoffeln erobert »Streetfood« unsere Städte, die Trucks bieten Altbekanntes ebenso wie Neues, Überraschendes. Die Knollen sind eine wichtige Zutat und laden zum Zugreifen ein. Ob als Taler oder Häppchen, Muffins oder Flammkuchen: am besten, Sie laden Freunde ein – zum ganz privaten Streetfood-Markt.

KARTOFFELTALER CAPRESE

500 g längliche Süßkartoffeln | 4 EL Olivenöl | Salz | Pfeffer | 125 g Mozzarella | 4 Stängel Basilikum | 30 g Pinienkerne | 50 g kleine magere Schinkenwürfel

Blitzschnell fertig

Für 4 Personen | 20 Min. Zubereitungszeit
Pro Portion ca. 350 kcal, 11 g E, 23 g F, 27 g KH

1 Die Süßkartoffeln waschen und gründlich abbürsten oder schälen, dann in 1,5 cm dicke Scheiben schneiden. 2 EL Olivenöl in einer breiten Pfanne erhitzen und die Scheiben darin verteilen. Mit Salz und Pfeffer würzen und offen bei mittlerer Hitze ca. 5 Min. braten.

2 Inzwischen den Mozzarella klein würfeln. Das Basilikum waschen, trocken schütteln und die Blätter in feine Streifen schneiden. Die Pinienkerne etwas kleiner hacken. Alles in einem Schälchen mit den Schinkenwürfeln und den restlichen 2 EL Olivenöl sowie etwas Pfeffer vermischen.

3 Die Süßkartoffeltaler wenden und die Mozzarellamischung mit zwei Teelöffeln darauf verteilen. Einen Deckel auf die Pfanne legen und die Taler noch ca. 5 Min. garen und dabei überbacken.

TIPP

Für eine Party mache ich eine große Portion Kartoffeltaler im Ofen: Den Backofen auf 220° vorheizen. 1 kg Süßkartoffeln in Scheiben schneiden, nebeneinander auf ein mit Backpapier belegtes Blech legen, mit Olivenöl einpinseln, salzen, pfeffern und ca. 10 Min. backen. Die doppelte Menge Mozzarellamischung vorbereiten und auf den Süßkartoffelscheiben verteilen. Im Ofen ca. 10 Min. fertig garen.

DOUBLE BAKED POTATOES

2 gleich große und gleichmäßig geformte Süßkartoffeln (à ca. 250 g) | 4 Stängel Petersilie | 4 Stängel Basilikum | 100 g Doppelrahm-Frischkäse | 60 g geriebener Emmentaler | 50 g kleine magere Schinkenwürfel | Salz | Pfeffer | Alufolie | Öl für die Folie

Auch gut für Feste

Für 4 Personen | 1 Std. Zubereitungszeit
Pro Portion ca. 270 kcal, 10 g E, 15 g F, 25 g KH

1 Den Backofen auf 200° vorheizen. Die Süßkartoffeln waschen, gründlich abbürsten und rundherum mit einer Gabel mehrmals einstechen. Zwei Bögen Alufolie bereitlegen und mit etwas Öl einpinseln. Die Kartoffeln darauflegen und in die Folie einwickeln. Im Ofen (Mitte) ca. 35 Min. backen, sie sollen nicht ganz weich werden.

2 Inzwischen die Petersilie und das Basilikum waschen, trocken schütteln und hacken. Beides mit dem Frischkäse, dem Emmentaler und den Schinkenwürfeln verrühren und die Mischung mit Salz und Pfeffer würzen.

3 Die Süßkartoffeln aus dem Ofen nehmen, vorsichtig auswickeln und längs halbieren. Einen Teil des Fruchtfleisches mit einem Löffel oder Kugelausstecher aus der Schale lösen und grob hacken. Zur Frischkäsemischung geben und gut unterrühren. Das Ganze in die ausgehöhlten Kartoffelhälften füllen. Die Süßkartoffeln in eine ofenfeste Form setzen und im Ofen (Mitte) in 10–15 Min. goldgelb backen. Herausnehmen, je 1 gefüllte Kartoffelhälfte auf einen Teller setzen und servieren.

FRITTATA MIT ZIEGENKÄSE

300 g Süßkartoffeln | Salz | 2 Zwiebeln | 2 EL Olivenöl | 1 Knoblauchzehe | 5 grüne Oliven (entsteint) | 3 Eier | 60 g Sahne | 50 g kleine magere Schinkenwürfel | Pfeffer | rosenscharfes Paprikapulver | 1 TL getrocknete Kräuter der Provence | 100 g Ziegenweichkäse

Warm ebenso lecker wie kalt

Für 4 Personen | 40 Min. Zubereitungszeit
Pro Portion ca. 315 kcal, 15 g E, 21 g F, 17 g KH

1 Die Süßkartoffeln waschen und gründlich abbürsten oder schälen und in 1 cm große Würfel schneiden. In etwas leicht gesalzenem Wasser ca. 5 Min. kochen, in ein Sieb abgießen, gut abtropfen und etwas abkühlen lassen. Die Zwiebeln schälen und klein würfeln. 1 EL Olivenöl in einer beschichteten Pfanne (ca. 22 cm Ø) erhitzen und die Zwiebelwürfel darin glasig andünsten. Den Knoblauch schälen und dazupressen. Dié Oliven klein würfeln und unterrühren, die Mischung vom Herd nehmen und etwas abkühlen lassen.

2 Die Eier in einer Schüssel mit der Sahne und den Schinkenwürfeln verquirlen. Die Kartoffelwürfel und die vorgegarte Zwiebelmischung unterheben und die Mischung mit Salz, Pfeffer, etwas Paprikapulver und den Kräutern der Provence herzhaft würzen.

3 Das übrige Olivenöl in der beschichteten Pfanne bei mittlerer Hitze erwärmen und die Süßkartoffel-Eier-Mischung hineingeben. Den Ziegenkäse würfeln und darüberstreuen. Das Ganze mit fest aufliegendem Deckel bei kleiner bis mittlerer Hitze in ca. 15 Min. stocken lassen. Die Frittata in Stücke schneiden und servieren.

INDISCHE KICHERERBSEN-HÄPPCHEN

150 g Kichererbsenmehl | 1 TL Salz | 1 TL Madras-Currypulver | 1 TL Rapsöl | 1 EL Schwarzkümmelsamen (nach Belieben) | 150 g Gurke | 250 g gut gekühlter Joghurt (10 % Fett) | 1 TL gemahlener Kreuzkümmel | Pfeffer | 400 g längliche Süßkartoffeln | 1 l Frittieröl | 6 Stängel Koriandergrün (ersatzweise Petersilie)

Crossover vom Feinsten

Für 4 Personen | 30 Min. Zubereitungszeit
Pro Portion ca. 415 kcal, 13 g E, 19 g F, 48 g KH

1 Das Kichererbsenmehl mit dem Salz, dem Currypulver, dem Rapsöl und ca. 175 ml lauwarmem Wasser zu einem dickflüssigen Teig verrühren, nach Belieben die Schwarzkümmelsamen untermischen. Den Teig zugedeckt ca. 15 Min. ruhen und quellen lassen.

2 Inzwischen die Gurke schälen und fein raspeln, mit dem Joghurt verrühren, mit dem Kreuzkümmel, Salz und Pfeffer abschmecken. Den Dip zugedeckt kalt stellen. Die Süßkartoffeln schälen und in 1 cm dicke Scheiben schneiden, große Scheiben halbieren. Das Öl zum Frittieren in einem großen Topf oder einer Fritteuse erhitzen.

3 Die Süßkartoffelscheiben nach und nach in dem Teig wenden, in das heiße Öl geben und ca. 4 Min. rundherum goldbraun ausbacken. Fertige Taler mit dem Schaumlöffel herausheben und auf Küchenpapier entfetten.

4 Das Koriandergrün waschen, trocken schütteln und grob schneiden. Die gebackenen Süßkartoffeln mit dem Joghurtdip servieren und das Koriandergrün daraufstreuen.

KÄSE-MUFFINS MIT SPINAT

Kleine Törtchen müssen nicht immer süß daherkommen. Wie lecker die pikanten Varianten schmecken, beweisen wir hier. Die sind garantiert blitzschnell weg.

700 g Süßkartoffeln
2 EL Olivenöl
6 Eier
250 ml Milch
60 g zarte Haferflocken
Salz | Pfeffer
1 TL gemahlener Kreuzkümmel
60 g geriebener Cheddar
2 Knoblauchzehen
600 g TK-Blattspinat
50 g Rosinen
Außerdem:
12er-Muffinform
Öl zum Einfetten
Semmelbrösel zum Ausstreuen

Herzhaft und easy

Für 12 Personen |
45 Min. Zubereitungszeit
Pro Portion ca. 195 kcal,
8 g E, 9 g F, 20 g KH

1 Den Backofen auf 180° vorheizen. Die Süßkartoffeln schälen, die Hälfte fein würfeln und den Rest grob raspeln. 1 EL Olivenöl in einer beschichteten Pfanne erhitzen, die Süßkartoffelwürfel und -raspel hineingeben und bei mittlerer Hitze ca. 5 Min. unter Rühren garen. Die Pfanne vom Herd nehmen.

2 Die Mulden der Muffinform gründlich mit Öl einfetten und mit Semmelbröseln ausstreuen. Die Eier mit der Milch und den Haferflocken verrühren, mit Salz, Pfeffer und dem Kreuzkümmel würzen. Die vorgegarten Süßkartoffeln gleichmäßig unterrühren.

3 Die Süßkartoffelmischung mit einem Löffel auf die Mulden der Muffinform verteilen und mit dem geriebenen Cheddar bestreuen. Die Form in den Ofen (Mitte) schieben und die Muffins ca. 20 Min. backen.

4 Inzwischen den Knoblauch schälen und hacken. Das restliche Olivenöl in einem Topf leicht erhitzen und den Knoblauch darin goldgelb anbraten. Den Spinat dazugeben, unter häufigem Rühren auftauen und dann aufkochen. Nach Belieben etwas Flüssigkeit verkochen lassen. Die Rosinen untermischen, den Spinat mit Salz und Pfeffer abschmecken und mit den Muffins servieren.

TIPP **Zusammen mit dem Spinat sind die Muffins ein saftiger Snack. Ich backe die Käse-Törtchen aber ebenso gern, wenn ich etwas für ein Büfett mitbringen soll, dann verzichte ich auf die Gemüsebeilage. Auch für die Lunchbox oder ein Picknick sind die Käse-Muffins ideal.**

SÜSSKARTOFFEL-FLAMMKUCHEN

350 g Weizenmehl Type 1050 + Mehl zum Ausrollen | 1 Pck. Trockenhefe | Salz | 1 TL flüssiger Honig | 2 EL Rapsöl | 200 ml Mineralwasser mit Kohlensäure | 250 g Süßkartoffeln | 2 kleine rote Zwiebeln | 200 g Schmand | Pfeffer | ¼ TL gemahlener Anis (nach Belieben)

Elsässer Klassiker auf neue Art

Für 4 Personen | 1 Std. Zubereitungszeit | 1 Std. Ruhezeit
Pro Portion ca. 520 kcal, 12 g E, 19 g F, 74 g KH

1 Das Mehl mit der Trockenhefe in einer Rührschüssel vermischen. 1 TL Salz, den Honig, das Öl und das Mineralwasser dazugeben. Alles mit den Knethaken des Handrührgeräts zu einem glatten Teig verarbeiten. Den Teig zugedeckt an einem warmen Ort ca. 1 Std. ruhen und aufgehen lassen.

2 Inzwischen die Süßkartoffeln waschen und gründlich abbürsten oder schälen, in sehr dünne Scheiben schneiden oder hobeln. Die Zwiebeln schälen und in sehr dünne Ringe oder Spalten schneiden. Den Backofen auf 250° vorheizen und zwei Backbleche mit Backpapier belegen.

3 Den Teig durchkneten und in vier Portionen teilen. Eine Portion auf der bemehlten Arbeitsfläche zu einem dünnen, etwa 25 cm großen Fladen ausrollen. Auf ein Blech legen, mit 50 g Schmand bestreichen, ein Viertel der Süßkartoffeln und der Zwiebeln darauf verteilen und mit Salz, Pfeffer und nach Belieben etwas Anis würzen. Den Fladen im Ofen (unten) ca. 10 Min. backen. Herausnehmen und weitere 3 Flammkuchen genauso zubereiten. Am besten die gebackenen Flammkuchen sofort genießen und auf den frischen Nachschub warten.

KERNIGE PUFFER MIT KOMPOTT

2 Äpfel | 2 Birnen | 2 EL Zitronensaft | 2 EL brauner Zucker | 30 g getrocknete Cranberrys | 700 g Süßkartoffeln | 2 Zwiebeln | 3 Eier | Salz | Pfeffer | 30 g Sonnenblumenkerne | 30 g zarte Dinkelflocken | Rapsöl zum Braten

Familien-Liebling

Für 4 Personen | 45 Min. Zubereitungszeit
Pro Portion ca. 410 kcal, 11 g E, 12 g F, 65 g KH

1 Die Äpfel und die Birnen nach Belieben waschen oder schälen, vierteln und von den Kerngehäusen befreien. Die Viertel in Spalten schneiden und mit dem Zitronensaft und dem Zucker in einen Topf geben. Die Mischung ganz langsam zum Kochen bringen und 1 Min. köcheln lassen. In eine Schüssel umfüllen, die Cranberrys untermischen und das Kompott abkühlen lassen.

2 Die Süßkartoffeln waschen und gründlich abbürsten oder schälen und grob raspeln. Die Zwiebeln schälen und fein würfeln. Die Süßkartoffelraspel und die Zwiebelwürfel mit den Eiern, Salz, Pfeffer, den Sonnenblumenkernen und den Dinkelflocken in einer Schüssel gründlich vermischen.

3 Etwas Rapsöl in einer oder zwei breiten beschichteten Pfannen erhitzen. Aus der Süßkartoffelmasse nach und nach 12 goldbraune Puffer braten. Dazu kleine Portionen in die Pfanne geben und kurz braten. Erst wenn die Unterseiten gut gebräunt sind, die Puffer vorsichtig wenden, damit sie nicht auseinanderfallen. Die Puffer mit dem Fruchtkompott auf Tellern anrichten und servieren.

GEFÜLLTE KRÄUTER-CRESPELLE

Niemand kann widerstehen, wenn Pfannkuchen auf den Tisch kommen! Diese hier sind gefüllt und im Kleinformat zubereitet – damit sie im Nu in den Mund wandern können.

Für die Pfannkuchen:
½ Bund gemischte Kräuter (ersatzweise nur Petersilie)
200 g Dinkelmehl Type 1050
30 g Buchweizenmehl
2 Eier
250 ml Milch
50 ml Mineralwasser mit Kohlensäure
3 EL Öl
Salz | Pfeffer
Butter zum Backen
Für die Füllung:
500 g Süßkartoffeln
2 Zwiebeln
1 EL Rapsöl
Salz | Pfeffer
100 g Crème fraîche
16 kleine dünne Scheiben Hähnchenbrustaufschnitt
125 g geriebener Mozzarella

Macht auch Kinder glücklich

Für 4 Personen | 45 Min. Zubereitungszeit | 15 Min. Backzeit
Pro Portion ca. 675 kcal, 24 g E, 33 g F, 69 g KH

1 Für die Pfannkuchen die Kräuter waschen, trocken schütteln und fein hacken. Mit dem Dinkelmehl, dem Buchweizenmehl, den Eiern, der Milch, dem Mineralwasser, dem Öl sowie Salz und Pfeffer zu einem glatten Teig verrühren. Den Teig zugedeckt mindestens 30 Min. quellen lassen.

2 Inzwischen für die Füllung die Süßkartoffeln schälen und in 5 mm dicke Scheiben schneiden. Die Scheiben in feine Streifen schneiden (Bild 1). Die Zwiebeln schälen, halbieren und in dünne Scheiben schneiden.

3 Das Öl in einem Topf leicht erhitzen und die Zwiebeln darin goldgelb anbraten. Die Süßkartoffeln dazugeben, mit Salz und Pfeffer würzen und andünsten. Die Crème fraîche und ca. 5 EL Wasser einrühren und die Süßkartoffeln zugedeckt bei kleiner Hitze ca. 7 Min. dünsten. Die Mischung anschließend etwas abkühlen lassen.

4 Aus dem Teig in einer kleinen beschichteten Pfanne in wenig Butter nacheinander 16 dünne Pfannkuchen backen (Bild 2). Den Backofen auf 200° vorheizen.

5 Die fertigen Pfannkuchen mit je 1 Scheibe Hähnchenaufschnitt belegen. Die Süßkartoffelmischung ein wenig zerdrücken und auf den Pfannkuchen verteilen (Bild 3). Die Pfannkuchen aufrollen, nebeneinander in eine rechteckige ofenfeste Form legen und mit dem geriebenen Mozzarella bestreuen. Die Crespelle im Ofen (Mitte) 10–15 Min. überbacken. Heiß oder lauwarm genießen.

1

2

3

KOKOS-PÜFFERCHEN MIT SALSA

1 Zwiebel | 2 Knoblauchzehen | 1 kleine rote Chilischote | 2 Bund Petersilie | 5 EL Rotweinessig | 5 EL Olivenöl | 4 EL Gemüsebrühe | Salz | Pfeffer | 300 g Süßkartoffeln | 75 g Mehl | 25 g Kokosmehl | 3 Eier | ½ TL Backpulver | 2 TL Kreuzkümmelsamen

Grüße aus Südamerika

Für 4 Personen | 45 Min. Zubereitungszeit
Pro Portion ca. 325 kcal, 10 g E, 18 g F, 30 g KH

1 Die Zwiebel und den Knoblauch schälen, die Chilischote halbieren, Kerne entfernen, die Hälften waschen. Die Petersilie waschen und trocken schütteln, die Blätter abzupfen. Alles im Blitzhacker fein hacken, dann in einer Schüssel mit dem Essig, 3 EL Olivenöl und der Gemüsebrühe verrühren. Die Salsa mit Salz und Pfeffer abschmecken und zugedeckt ziehen lassen.

2 Die Süßkartoffeln waschen und gründlich abbürsten oder schälen, sehr fein raspeln oder im Blitzhacker fein zerkleinern. Die Süßkartoffelraspel in einer Schüssel mit beiden Mehlsorten, den Eiern, dem Backpulver, den Kreuzkümmelsamen sowie Salz und Pfeffer verrühren.

3 Je 1 EL Olivenöl in zwei breiten beschichteten Pfannen erhitzen. Aus der Süßkartoffelmasse mit feuchten Händen etwa tischtennisballgroße Kugeln formen und flach drücken. Im Öl auf beiden Seiten unter mehrmaligem Wenden goldbraun braten. Dabei anfangs vorsichtig wenden, damit sie nicht zerfallen. Fertige Püfferchen zugedeckt warm stellen. Die Kokos-Püfferchen mit der Salsa servieren.

FILO-SCHMAND-TÖRTCHEN

300 g Süßkartoffeln | 200 g TK-Erbsen | Salz | 6 Blätter Filoteig (à ca. 30 × 30 cm, ca. 150 g; aus dem Kühlregal) | 3 Eier | 150 g Schmand | 100 ml Milch + Milch zum Bestreichen | Pfeffer | frisch geriebene Muskatnuss | 30 g Sonnenblumenkerne | 12er-Muffinform | Fett für die Form

Büfett- und partytauglich

Für 12 Stück | 30 Min. Zubereitungszeit | 20 Min. Backzeit
Pro Stück ca. 155 kcal, 5 g E, 11 g F, 11 g KH

1 Die Süßkartoffeln schälen und in ca. 5 mm große Würfel schneiden. Süßkartoffelwürfel und Erbsen in einen kleinen Topf geben. Etwas Wasser hinzufügen, salzen und das Gemüse zugedeckt 5 Min. köcheln lassen. In ein Sieb abgießen und abtropfen lassen.

2 Den Backofen auf 200° vorheizen und die Mulden der Muffinform gründlich einfetten. Den Filoteig vorsichtig auseinanderrollen. Ein Teigblatt abnehmen, auf ein Brett legen und mit einem scharfen Messer oder einer Küchenschere in vier Quadrate schneiden. Ein Quadrat mit etwas Milch einpinseln, ein zweites Quadrat darauflegen und mit diesem doppelten Teigblatt eine Mulde der Muffinform auskleiden – der Teig steht an den Rändern über. Alle Mulden auf diese Weise auskleiden.

3 Die Gemüsemischung auf die Mulden verteilen. Die Eier mit dem Schmand und der Milch verquirlen, mit Salz, Pfeffer und Muskatnuss würzen und auf dem Gemüse verteilen. Die Sonnenblumenkerne daraufstreuen und die Törtchen im Ofen (Mitte) ca. 20 Min. backen. Etwas abkühlen lassen, herauslösen und lauwarm oder kalt genießen.

OPINEL

ONE POT, BOWLS & MEHR

Kommt eine orange leuchtende Cremesuppe auf den Tisch, wird jeder auf Kürbis tippen. Oder auf Möhren. Nicht bei Ihnen, da stecken die tollen Knollen darin! Ob auf Tellern oder ganz dem Trend gemäß in »Bowls« – Süßkartoffeln trumpfen auf, wenn es um Suppen und Eintöpfe geht. Und das total international: im Curry, im Chili oder mit Trockenfrüchten im arabischen Reis. Gehen Sie auf die Reise.

SÜSSKARTOFFEL-GAZPACHO

300 g Süßkartoffeln | 3 Bund Frühlingszwiebeln | 3 Stängel Majoran | 3 EL Olivenöl | 100 ml trockener Weißwein | 700 ml Gemüsebrühe | 150 g Schmand | Salz | Pfeffer | 2 große feste Tomaten | 1 grüne Paprika

Perfektes Sommeressen

Für 4 Personen | 30 Min. Zubereitungszeit | 12 Std. Kühlzeit
Pro Portion ca. 290 kcal, 5 g E, 18 g F, 22 g KH

1 Die Süßkartoffeln schälen und grob würfeln. Die Frühlingszwiebeln putzen und waschen, einige feine Ringe abschneiden und beiseitelegen, den Rest grob würfeln. Den Majoran waschen, trocken schütteln und die Blättchen abzupfen. 2 EL Olivenöl in einem Topf erhitzen und die gewürfelten Frühlingszwiebeln darin anschwitzen. Die Süßkartoffeln und den Majoran einrühren, mit dem Wein ablöschen. Die Gemüsebrühe dazugießen und zum Kochen bringen. Alles zugedeckt bei mittlerer Hitze ca. 15 Min. köcheln lassen.

2 Die Suppe mit dem Pürierstab glatt pürieren, den Schmand einrühren und die Suppe mit Salz und Pfeffer abschmecken. Abkühlen lassen und zugedeckt über Nacht kalt stellen.

3 Am nächsten Tag die Tomaten waschen und ohne die Stielansätze würfeln. Die Paprika halbieren, Trennwände und Kerne entfernen, die Hälften waschen und klein würfeln. Mit Salz und Pfeffer würzen. Die beiseitegelegten Frühlingszwiebelringe und das übrige Olivenöl untermischen. Die Suppe durchrühren, abschmecken und auf Gläser verteilen. Mit der Tomaten-Paprika-Mischung toppen. Dazu schmeckt geröstetes Brot.

CREMESUPPE MIT PISTAZIEN-TOPPING

500 g Süßkartoffeln | 2 große Zwiebeln | 1 EL Rapsöl | 600 ml Gemüsebrühe | 3 Stängel Petersilie | 40 g Parmesan | 30 g Pistazienkerne | Salz | Pfeffer | 4 EL Pflanzencreme zum Kochen (z. B. Hafer oder Reis)

Ungewöhnliche Kombination

Für 4 Personen | 30 Min. Zubereitungszeit
Pro Portion ca. 240 kcal, 7 g E, 11 g F, 27 g KH

1 Die Süßkartoffeln und die Zwiebeln schälen und grob würfeln. Das Öl in einem Topf leicht erhitzen und die Zwiebeln darin glasig anschwitzen. Die Süßkartoffeln und die Brühe dazugeben, die Brühe zum Kochen bringen und alles zugedeckt bei mittlerer Hitze ca. 10 Min. köcheln lassen.

2 Inzwischen die Petersilie waschen, trocken schütteln und die Blätter abzupfen. Den Parmesan würfeln. Petersilie, Parmesan und die Pistazienkerne im Blitzhacker zerkleinern, mit etwas Salz und Pfeffer würzen.

3 Die Süßkartoffeln samt Zwiebeln und Brühe mit dem Pürierstab oder im Mixer glatt pürieren. Die Suppe mit Salz und Pfeffer abschmecken und auf tiefe Teller verteilen. Jeweils 1 EL Pflanzencreme auf die Suppe geben und mit einem Spieß leicht einrühren. Zum Schluss das Pistazien-Topping daraufgeben und die Suppe servieren.

TIPP

Statt mit Pflanzencreme und Pistazien-Topping garniere ich die Suppe auch mal mit Schmand und klassischem Basilikumpesto. Oder ich gebe einfach einen Klecks Sahne hinein und streue gehackte Petersilie darauf – das geht noch schneller.

ZWIEBEL-CREMESUPPE

400 g Süßkartoffeln | 2 große Zwiebeln | 1 EL Rapsöl | 2 EL Currypulver | 750 ml Gemüsebrühe | 1 Dose Kichererbsen (400 g) | 2 Frühlingszwiebeln | 200 ml ungesüßter Pflanzendrink (z. B. Hafer) | Salz | Pfeffer

Vegan mit Kichererbsenschaum

Für 4 Personen | 25 Min. Zubereitungszeit
Pro Portion ca. 215 kcal, 6 g E, 5 g F, 34 g KH

1 Die Süßkartoffeln schälen und grob würfeln. Die Zwiebeln schälen und ebenfalls würfeln. Das Öl in einem Topf leicht erhitzen und die Zwiebelwürfel darin glasig anschwitzen. Den Großteil des Currypulvers darüberstäuben und anschwitzen, dann die Brühe dazugießen. Die Süßkartoffeln einrühren, die Brühe zum Kochen bringen und alles zugedeckt bei kleiner Hitze ca. 12 Min. garen.

2 Die Kichererbsen über einer Schüssel in ein Sieb abgießen, dabei den Sud auffangen. Die Frühlingszwiebeln putzen, waschen und in sehr feine Ringe schneiden.

3 Die Suppe mit dem Pürierstab oder im Mixer pürieren. Den Pflanzendrink einrühren. Die Kichererbsen und die Frühlingszwiebeln (bis auf einige grüne Ringe zum Garnieren) in die Suppe geben, alles mit Salz und Pfeffer abschmecken und noch einmal aufkochen.

4 Den Sud von den Kichererbsen mit den Rührbesen des Handrührgeräts schaumig aufschlagen und mit etwas Salz würzen. Zum Servieren auf die Suppe geben, mit dem übrigen Currypulver bestäuben und mit den restlichen Frühlingszwiebelringen bestreuen.

SÜSSKARTOFFEL-AVOCADO-SUPPE

500 g Süßkartoffeln | 1 Zwiebel | 1 EL Kokosöl (ersatzweise Rapsöl) | 1 kleine Knoblauchzehe | 500 ml Gemüsebrühe | 1 kleine rote Chilischote | 1 reife Avocado (nicht zu weich) | 2 EL Limettensaft | Salz | Pfeffer | 1 große Orange | 60 g Tortillachips

Aus der Tex-Mex-Küche

Für 4 Personen | 30 Min. Zubereitungszeit
Pro Portion ca. 350 kcal, 4 g E, 20 g F, 37 g KH

1 Die Süßkartoffeln und die Zwiebel schälen und grob würfeln. Das Öl in einem Topf erhitzen und die Zwiebelwürfel darin glasig anschwitzen. Den Knoblauch schälen und dazupressen. Die Süßkartoffeln dazugeben und anschwitzen, dann die Brühe dazugießen. Alles aufkochen und zugedeckt bei mittlerer Hitze ca. 10 Min. köcheln lassen.

2 Inzwischen die Chilischote halbieren, Kerne entfernen, die Hälften waschen und in sehr feine Streifen schneiden. Die Avocado halbieren, entsteinen, schälen und in kleine Würfel schneiden. Sofort mit dem Limettensaft beträufeln. Die Chilistreifen untermischen und die Avocadowürfel mit Salz und Pfeffer würzen.

3 Die Suppe mit dem Pürierstab oder im Mixer pürieren. Die Orange auspressen und den Saft unterrühren, die Suppe noch einmal aufkochen und mit Salz und Pfeffer abschmecken.

4 Die Suppe auf tiefe Teller oder Schalen verteilen und mit der Avocadomischung toppen. Die Tortilla-Chips etwas zerbröckeln und unmittelbar vor dem Servieren daraufgeben.

BOWL MIT SÜSSKARTOFFEL-NUDELN

Spaghetti gehen einfach über alles! Diese hier bestehen nicht aus Mehl, sondern aus Süßkartoffeln, werden schonend gedämpft und trendgerecht in Schalen serviert.

340 g gemischte Pilze (z. B. Champignons, Shiitake, Austernpilze)
1 rote Zwiebel
2 EL Olivenöl
Salz | Pfeffer
1 grüne Paprika
300 g Süßkartoffeln
500 ml Gemüsebrühe
250 g griechischer Joghurt
2 EL Tomatenmark
4 Stängel Minze

Low Carb für Nudelfans

Für 4 Personen | 30 Min. Zubereitungszeit
Pro Portion ca. 220 kcal, 5 g E, 12 g F, 21 g KH

1 Die Pilze putzen, bei Bedarf mit einem Tuch abreiben und grob in Stücke schneiden. Die Zwiebel schälen und in feine Spalten schneiden. Das Öl in einer breiten Pfanne erhitzen und die Zwiebel darin leicht anbraten. Die Pilze dazugeben und ebenfalls anbraten, mit Salz und Pfeffer würzen und offen bei kleiner Hitze knapp 10 Min. garen.

2 Inzwischen die Paprika halbieren, Trennwände und Kerne entfernen, die Hälften waschen und in schmale Streifen schneiden. Die Süßkartoffeln waschen und gründlich abbürsten oder schälen und mit einem Spiralschneider zu langen Spaghetti schneiden. Paprika und Süßkartoffeln in einem Dämpfeinsatz verteilen. Die Gemüsebrühe in einem passenden Topf zum Kochen bringen, den Dämpfeinsatz daraufsetzen und die Paprika und die Süßkartoffeln mit fest aufliegendem Deckel ca. 3 Min. dämpfen.

3 Die gebratenen Pilze samt den Zwiebelspalten, die Paprikastreifen und die Süßkartoffeln auf Bowls verteilen. Die Brühe vom Dämpfen mit Salz und Pfeffer abschmecken und darübergeben.

4 Den Joghurt mit dem Tomatenmark verrühren, mit Salz und Pfeffer abschmecken und auf die Bowls geben. Die Minze waschen, trocken schütteln, fein schneiden und daraufstreuen.

TIPP **Wenn Sie keinen Spiralschneider haben, hobeln Sie die Süßkartoffeln mit einem Sparschäler in dünne Scheiben. Ein paar Scheiben aufeinanderlegen und mit einem scharfen Messer in feine Streifen schneiden. So werden es zwar Bandnudeln und keine Spaghetti, die schmecken aber genauso gut.**

KUBANISCHER GEMÜSETOPF

750 g Süßkartoffeln | 350 g Zucchini | 1 Stück Ingwer (ca. 30 g) | 2 Knoblauchzehen | 1 große Zwiebel | 1 rote Chilischote | 2 EL Rapsöl | 800 ml Gemüsebrühe | 60 g rote Linsen | 60 g 10-Minuten-Reis | Salz | Pfeffer | einige Stängel Koriandergrün | gemahlener Kreuzkümmel

Pures Karibik-Feeling

Für 4 Personen | 40 Min. Zubereitungszeit
Pro Portion ca. 330 kcal, 9 g E, 7 g F, 57 g KH

1 Die Süßkartoffeln waschen und gründlich abbürsten oder schälen. Die Zucchini putzen und waschen. Süßkartoffeln und Zucchini in 2–3 cm große Würfel schneiden. Den Ingwer und den Knoblauch schälen und fein hacken. Die Zwiebel schälen und in feine Würfel schneiden. Die Chilischote halbieren, Kerne entfernen, die Hälften waschen und hacken. Alle vorbereiteten Zutaten mit dem Öl in einen großen Topf geben und bei mittlerer Hitze anschwitzen.

2 Die Gemüsebrühe dazugießen und bei mittlerer Hitze zum Kochen bringen. Die Süßkartoffeln, die Zucchini, die roten Linsen und den Reis hinzufügen und alles zugedeckt bei kleiner bis mittlerer Hitze ca. 10 Min. garen.

3 Das Koriandergrün waschen, trocken schütteln und nach Belieben hacken. Den Gemüsetopf mit Salz, Pfeffer und gemahlenem Kreuzkümmel abschmecken, auf tiefe Teller oder Schüsseln verteilen und mit Koriandergrün bestreut servieren.

SCHNELLES TEXAS-CHILI

500 g Süßkartoffeln | 1 Bund Schnittlauch | ½ Bund Petersilie | 2 EL Rapsöl | 500 g Rinderhackfleisch | 1 Dose stückige Tomaten (400 g) | 1 Dose Kidneybohnen (Abtropfgewicht ca. 265 g) | Salz | Pfeffer | 2 TL gemahlener Kreuzkümmel | Tabasco | 200 g saure Sahne

Scharf-milde Kombination

Für 4 Personen | 30 Min. Zubereitungszeit
Pro Portion ca. 575 kcal, 38 g E, 29 g F, 41 g KH

1 Die Süßkartoffeln waschen und gründlich abbürsten oder schälen, dann in 1–2 cm große Würfel schneiden. Den Schnittlauch waschen, trocken schütteln und in feine Röllchen schneiden. Die Petersilie waschen, trocken schütteln und die Blätter fein hacken.

2 Das Öl in einem Topf erhitzen, das Hackfleisch dazugeben und unter häufigem Rühren krümelig anbraten. Die stückigen Tomaten und die Kidneybohnen samt Einlegesud dazugeben, alles mit Salz, Pfeffer sowie dem Kreuzkümmel würzen und zum Kochen bringen. Die Süßkartoffelwürfel einrühren und das Chili zugedeckt bei kleiner Hitze 8–10 Min. köcheln lassen.

3 Etwa die Hälfte der Schnittlauchröllchen und der gehackten Petersilie unter das Chili rühren und dieses mit Salz, Pfeffer und Tabasco abschmecken. Auf Schüsseln verteilen, die saure Sahne mit einem Esslöffel darauf verteilen und die restlichen Schnittlauchröllchen sowie die übrige Petersilie darüberstreuen.

ONE-POT-PASTA MIT SÜSSKARTOFFELN

Sie möchten gesund und frisch kochen, aber nicht diverse Töpfe und Pfannen spülen? Dann ist dieses clevere Nudelgericht genau richtig – und schnell gemacht noch dazu.

500 g Süßkartoffeln
125 g Zuckerschoten
4 Frühlingszwiebeln
350 g Hartweizen-Nudeln (z. B. Vollkorn-Pennette Rigate; Kochzeit 8–10 Min.)
Salz | Pfeffer
1 Bund Schnittlauch
60 g Parmesan

Pfiffige Alltagsküche

Für 4 Personen | 30 Min. Zubereitungszeit
Pro Portion ca. 485 kcal, 17 g E, 6 g F, 89 g KH

1 Die Süßkartoffeln waschen und gründlich abbürsten oder schälen und in Stifte schneiden, die etwa der Größe der Penne entsprechen. Die Zuckerschoten putzen, waschen und nach Belieben schräg halbieren. Die Frühlingszwiebeln putzen und waschen, weiße Teile in dünne Scheiben, das Grün in ca. 2 cm lange Stücke schneiden.

2 Ca. 850 ml Wasser in einen großen Topf gießen. Nudeln, Süßkartoffeln, Zuckerschoten und Frühlingszwiebelscheiben sowie -stücke dazugeben. Mit Salz und Pfeffer würzen und alles zum Kochen bringen. Knapp 10 Min. köcheln lassen, zwischendurch mehrmals umrühren, damit sich alle Zutaten gut vermischen und nichts anbrennt.

3 Inzwischen den Schnittlauch waschen, trocken schütteln und in Röllchen schneiden. Den Parmesan mit einem Sparschäler in feine Späne hobeln. Die One-Pot-Pasta durchrühren und abschmecken, auf tiefe Teller oder Schüsseln verteilen und mit Schnittlauch und Parmesan bestreut servieren.

TIPP **Der Clou bei One-Pot-Pasta: Alle Zutaten garen zusammen in einem Topf, das spart Energie und Abwasch. Zudem verbinden sich die Aromen bestens miteinander. Wichtig ist die richtige Wahl der Nudeln und der übrigen Zutaten. Soll alles wirklich in einem Rutsch in den Topf, müssen die Garzeiten identisch sein. Wenn Sie andere Nudeln nehmen, die länger brauchen, geben Sie die übrigen Zutaten erst etwas später hinzu. Mit dieser Methode können Sie immer neue Kombinationen auf den Tisch bringen.**

GRÜNKOHL-CURRY

550 g Grünkohl (siehe Tipp) | 400 g Süßkartoffeln | 200 g Räuchertofu | 1 Stück Ingwer (ca. 30 g) | 1 rote Chilischote (ersatzweise ¼ TL getrocknete Chiliflocken) | 3 EL Öl | 30 g Mandelstifte | 2 EL Currypulver | 250 ml Gemüsebrühe | Salz | Pfeffer | 50 ml Sojasauce

Herrlich ungewöhnlich

Für 4 Personen | 45 Min. Zubereitungszeit
Pro Portion ca. 315 kcal, 14 g E, 17 g F, 25 g KH

1 Den Grünkohl gründlich waschen und verlesen. Die Blätter von den harten und groben Stielen abstreifen und etwas kleiner schneiden. Die Süßkartoffeln waschen und gut abbürsten oder schälen, dann in 1 cm dicke Stifte schneiden. Den Tofu ebenso in Stifte schneiden. Den Ingwer schälen und fein reiben oder hacken. Die Chilischote halbieren, die Kerne entfernen, die Hälften waschen und hacken. Das Öl in einem Wok leicht erhitzen, Ingwer und Chili sowie die Mandelstifte hineingeben und leicht anbraten.

2 Das Currypulver darüberstäuben und anschwitzen, dann die Brühe dazugießen und zum Kochen bringen. Den zerkleinerten Grünkohl nach und nach hinzufügen und jede Portion zusammenfallen lassen. Den Kohl bei mittlerer Hitze zugedeckt ca. 15 Min. köcheln lassen.

3 Die Süßkartoffeln und den Tofu unter den Grünkohl mischen und alles knapp 10 Min. garen. Mit der Sojasauce und Pfeffer abschmecken.

TIPP

Wenn es keinen frischen Grünkohl gibt, nehme ich 300 g tiefgekühlten Kohl, lasse ihn auftauen und hacke ihn noch etwas kleiner.

KASSELER-TOPF MIT PAK CHOI

500 g Süßkartoffeln | 1 große Zwiebel | 250 g Pak Choi | 500 g Kasseler-Rücken | 1 EL Rapsöl | 2 TL Currypulver | 600 ml Gemüsebrühe | 1 Bio-Zitrone | 2 EL geröstete gesalzene Cashewkerne | Salz | Pfeffer

Wärmendes Crossover

Für 4 Personen | 30 Min. Zubereitungszeit
Pro Portion ca. 265 kcal, 10 g E, 7 g F, 35 g KH

1 Die Süßkartoffeln und die Zwiebel schälen. Die Süßkartoffeln in 5 mm dicke Scheiben und diese quer in 5 mm breite Streifen schneiden. Die Zwiebel in dünne Spalten schneiden.

2 Den Pak Choi putzen und waschen, die Stiele quer in 5 mm dicke Streifen schneiden, die Blätter grob hacken. Das Kasseler genauso wie die Süßkartoffeln in Streifen schneiden.

3 Das Öl in einem Topf leicht erhitzen und die Zwiebelspalten darin glasig anschwitzen. Mit dem Currypulver bestäuben und dieses kurz anschwitzen, dann die Brühe dazugießen. Süßkartoffeln, Pak-Choi-Stiele und Kasseler untermischen, die Brühe zum Kochen bringen und alles zugedeckt ca. 5 Min. köcheln lassen. Die Pak-Choi-Blätter untermischen, alles weitere 4–5 Min. köcheln lassen.

4 Inzwischen die Zitrone heiß waschen, abtrocknen und die Schale abreiben. Die Cashewkerne hacken und mit der Zitronenschale mischen. Den Kasseler-Topf mit Salz und Pfeffer abschmecken. Auf tiefe Teller oder Schalen verteilen und mit der Zitronen-Cashewkern-Mischung toppen.

LAMMTOPF MIT REIS UND DATTELN

Für Freunde genau das Richtige: Lammfleisch, zart geschmort, mit Trockenfrüchten und Reis kombiniert. Alles aus einem Topf, damit mehr Zeit für die Gäste bleibt.

600 g Lammfleisch (Schulter oder Keule; ohne Knochen)
2 große Zwiebeln
2 EL Rapsöl
Salz | Pfeffer
1 Stange Zimt
600 ml Fleischbrühe (evtl. etwas mehr)
500 g Süßkartoffeln
100 g getrocknete Datteln (ersatzweise getrocknete Feigen oder Aprikosen)
10 Stängel Majoran
200 g stückige Tomaten (aus der Dose)
200 g Langkornreis parboiled

Feines für Gäste

Für 4 Personen | 1 Std. 10 Min. Zubereitungszeit
Pro Portion ca. 645 kcal, 35 g E, 19 g F, 82 g KH

1 Das Lammfleisch lauwarm abwaschen und trocken tupfen, dann in mundgerechte Würfel schneiden. Die Zwiebeln schälen und halbieren, auf die Schnittflächen legen und in dünne Halbringe schneiden. Das Öl in einem breiten Topf erhitzen und das Fleisch darin rundherum anbraten. Die Zwiebeln dazugeben und ebenfalls anbraten. Mit Salz und Pfeffer würzen, die Zimtstange dazugeben und alles mit der Brühe ablöschen. Die Brühe aufkochen und das Fleisch mit fest aufgelegtem Deckel bei kleiner Hitze ca. 45 Min. garen.

2 Inzwischen die Süßkartoffeln waschen und gut abbürsten oder schälen und in mundgerechte Stücke schneiden. Die Datteln ggf. entsteinen und halbieren. Den Majoran waschen und trocken schütteln, die Blätter abzupfen und große Blätter kleiner hacken.

3 Die stückigen Tomaten, den Reis und den größten Teil des Majorans zum Fleisch in den Topf geben. Alles gut verrühren, wieder aufkochen und zugedeckt bei kleiner bis mittlerer Hitze gut 5 Min. köcheln lassen.

4 Die Süßkartoffeln und die Datteln in den Topf geben, mit den anderen Zutaten vermischen und alles zugedeckt ca. 12 Min. sanft köcheln lassen. Eventuell noch etwas Brühe (oder Wasser) angießen, wenn zu viel Flüssigkeit verdampft ist und der Reis anzubrennen droht. Zum Schluss sehr vorsichtig umrühren, damit die Süßkartoffeln nicht zu Püree zerdrückt werden. Die Zimtstange entfernen. Den Lammtopf mit Salz und Pfeffer abschmecken und mit dem restlichen Majoran bestreut servieren.

REGISTER

Damit Sie Rezepte mit bestimmten Zutaten noch schneller finden, sind in diesem Register auch beliebte Zutaten wie **Eier** oder **Schinken** alphabetisch eingeordnet und hervorgehoben. Darunter finden Sie das Rezept Ihrer Wahl. Vegetarische Rezepte, die im Buch mit einem gekennzeichnet sind, sind hier grün abgesetzt.

Projektleitung: Sabine Sälzer
Lektorat: Katharina Lisson
Korrektorat: Ulrike Wagner
Innen- und Umschlaggestaltung: independent Medien-Design, Horst Moser, München
Herstellung: Renate Hutt
Satz: Kösel, Krugzell
Reproduktion: medienprinzen GmbH, München
Druck und Bindung: Firmengruppe APPL, aprinta druck, Wemding
Syndication: www.seasons.agency
Printed in Germany

1. Auflage 2018
ISBN 978-3-8338-6466-7
www.facebook.com/gu.verlag

GRÄFE UND UNZER
Ein Unternehmen der
GANSKE VERLAGSGRUPPE

Die Autorin

Angelika Ilies ist seit vielen Jahren als freie Autorin und Food-Journalistin tätig und hat bei GU schon mehrere erfolgreiche Kochbücher geschrieben. Sie liebt die schnelle unkomplizierte Küche und überrascht ihre Familie gern mit immer neuen Kreationen, bei denen sie oft Klassisches durch ungewöhnliche Zutaten und Aromen abwandelt.

Die Fotografin

Anke Schütz arbeitet in ihrem Studio in Buxtehude für namhafte Verlage und Zeitschriften in den Bereichen Food und Lifestyle. Bei diesem Buch wurde sie unterstützt von **Claudia Seifert** (Foodstyling), **Pedro Torres**, **Tania Schultz** und **Kirsten Petersen** (Assistenz)

Bildnachweis

Coverfoto: Silvio Knezevic, Autorenfoto: privat, alle anderen Fotos: Anke Schütz

Titelrezept

Sweet Potatoe Fries (S. 8)

Umwelthinweis:
Dieses Buch ist auf PEFC-zertifiziertem Papier aus nachhaltiger Waldwirtschaft gedruckt.

QUALITÄTS G|U GARANTIE

Liebe Leserin, lieber Leser,

haben wir Ihre Erwartungen erfüllt? Sind Sie mit diesem Buch zufrieden? Haben Sie weitere Fragen zu diesem Thema? Wir freuen uns auf Ihre Rückmeldung, auf Lob, Kritik und Anregungen, damit wir für Sie immer besser werden können.

GRÄFE UND UNZER Verlag
Leserservice
Postfach 86 03 13
81630 München
E-Mail:
leserservice@graefe-und-unzer.de

Telefon: 00800 / 72 37 33 33*
Telefax: 00800 / 50 12 05 44*
Mo–Do: 9.00 – 17.00 Uhr
Fr: 9.00 – 16.00 Uhr
(gebührenfrei in D, A, CH)*

Ihr GRÄFE UND UNZER Verlag
Der erste Ratgeberverlag – seit 1722.

Backofenhinweis:
Die Backzeiten können je nach Herd variieren. Die Temperaturangaben in unseren Rezepten beziehen sich auf das Backen im Elektroherd mit Ober- und Unterhitze und können bei Gasherden oder Backen mit Umluft abweichen. Details entnehmen Sie bitte Ihrer Gebrauchsanweisung.

„Clever leben:
so einfach geht's!"
Melanie Wenzel
Expertin des „ARD-Buffet",
Autorin, Heilpraktikerin
und nun auch Top-Expertin
der clever leben-Redaktion
Mein bester Ratgeber
Clever leben
NEU! NUR 1,95 €
mit QUICK-FINDER
LIEBLINGS-PASTA
DIE BESTEN TIPPS FÜR:
Jeden-Tag-Küche
Haushalt für Faule
einen schönen Balkon
RÄTSELHAFTE SAMTPFOTEN
Was Ihre Katze sagen will
JETZT ERFORSCHT
ARTHROSE SELBST HEILEN
IN KOOPERATION MIT
G|U
Raus aus der ZUCKER-FALLE
BESSER ALS JEDE DIÄT
NUR BEI UNS
30 TOP-EXPERTEN beantworten Ihre Fragen
Melanie Wenzel „Meine besten Heilpflanzen-Rezepte"
Johann Lafer „Das gehört zu einem guten Essen"
MODE & BEAUTY
KOCHEN & BACKEN
FAMILIE & PARTNERSCHAFT
GESUNDHEIT & SEELE
HAUS & GARTEN
KREATIV & DIY
REISE & FREIZEIT
Jetzt neu im Handel!
Clever leben
Viele Tipps & Tricks der G|U-Experten machen das Leben leichter.
Für alle Themen, die uns Frauen bewegen. Clever leben – Mein bester Ratgeber!

SCHNELLE DESSERTS

Der Name der Knollen ist hier Programm. Süßkartoffeln bilden die Basis für feine Nachspeisen, die große und kleine Genießer überzeugen werden.

KOKOS-SAHNE-CREME

Für 4 Personen: 300 g Süßkartoffeln schälen, in 1–2 cm große Würfel schneiden und in einen Dämpfeinsatz geben. In einem passenden Topf über wenig kochendem Wasser mit fest aufliegendem Deckel ca. 10 Min. dämpfen. Die gedämpften Süßkartoffeln in eine Schüssel geben und mit dem Pürierstab pürieren. Das Süßkartoffelpüree lauwarm abkühlen lassen. 80 g Ricotta, 2 EL Agavendicksaft, ½ TL gemahlene Vanille, 3 EL Kokosnusspulver sowie 4 TL Sofort-Gelatine unter das Püree rühren. 200 g Sahne steif schlagen und unter die Creme heben. Auf Dessertschalen verteilen und zugedeckt 2 Std. in den Kühlschrank stellen.

LUFTIGE ZIMTWAFFELN

Für 4 Personen: 250 g Süßkartoffeln schälen oder waschen und gründlich abbürsten. Fein raspeln und in einer Schüssel mit 2 Eiern verrühren. 2 EL Raps- oder Sonnenblumenöl, 40 g Weizenmehl Type 1050, ½ TL Zimtpulver sowie 1 EL Agavendicksaft oder Ahornsirup unterrühren. Anschließend nach und nach so viel Sahne oder Milch unterrühren, bis ein dickflüssiger Teig entstanden ist. Ein Waffeleisen aufheizen und fetten. Aus dem Teig nach und nach nicht zu dicke Waffeln backen. Fertig gebackene Waffeln auf einem Kuchengitter abkühlen lassen und mit Puderzucker bestäubt servieren.